Schweizerische Vereinigung zur Förderung des Internationalen Arbeiterschutzes

Fortgang und Tragweite der internationalen Arbeiterschutzverträge

Vortrag

gehalten in der Versammlung der Sektion Bern der schweizerischen Vereinigung zur Förderung des internationalen Arbeiterschutzes vom 8. April 1913

von

Professor **Stephan Bauer (Basel)**

Heft 38

Sonderabdruck aus
Annalen für soziale Politik und Gesetzgebung
3. Band, 1. und 2. Heft
(Springer-Verlag Berlin Heidelberg GmbH)

ISBN 978-3-662-23686-4 ISBN 978-3-662-25775-3 (eBook)
DOI 10.1007/978-3-662-25775-3

Fortgang und Tragweite der internationalen Arbeiterschutzverträge.

Von

Stephan Bauer.

Der schweizerische Bundesrat hat auf den 15. September 1913 eine internationale Arbeiterschutzkonferenz mit der folgenden Begründung einberufen:

„Die Bestrebungen, Fragen des Arbeiterschutzes auf dem Wege internationaler Vereinbarungen zu regeln, haben durch den Abschluß der zwei Staatsverträge vom 26. September 1906 über das Verbot der industriellen Nachtarbeit der Frauen und über das Verbot der Verwendung von weißem Phosphor in der Zündholzindustrie einen ersten und daher um so höher anzuschlagenden Erfolg erzielt.

Im Laufe des verflossenen Jahres ist die Internationale Vereinigung für gesetzlichen Arbeiterschutz mit neuen Vorschlägen an uns herangetreten. Sie regt die Aufnahme internationaler Verhandlungen an, die zur Aufstellung von Vorschriften über das Verbot der industriellen Nachtarbeit jugendlicher Arbeiter und über die Festsetzung einer Arbeitsdauer von höchstens 10 Stunden für die in der Industrie beschäftigten Frauen und jugendlichen Arbeiter führen sollen. Das Bureau der genannten Vereinigung hat über beide Fragen Denkschriften ausgearbeitet, auf die wir verweisen, und in Zuschriften vom 26. Oktober und 30. Dezember 1912 Postulate formuliert, die die Grundlage der Verhandlungen bilden und durch internationales Übereinkommen verwirklicht werden sollen."

Dem Wunsche des Herausgebers der „Annalen" folgend, soll an dieser Stelle ein Rückblick auf die Ergebnisse der ersten

Arbeiterschutzkonferenz von 1906 geworfen und sodann die Aufgaben der bevorstehenden Konferenz erläutert werden. Es handelt sich lediglich darum, klarzulegen, wie die einzelnen Etappen der Entwicklung des Weltarbeiterrechts miteinander verknüpft und welche Bürgschaften seiner Durchführung zu geben sind. Hierbei wird zur Feststellung der geschichtlichen Wandlungen in Methode und Auffassung ganz kurz auf den Ausgangspunkt der Internationalisierung dieser sozialen Reformbewegung einzugehen sein.

I. Die ersten Arbeiterschutzverträge von 1906.

Durch den kaiserlichen Februarerlaß von 1890 wurde die Berliner internationale Arbeiterschutzkonferenz einberufen, mit der Aufgabe, „die in der internationalen Konkurrenz begründeten Schwierigkeiten der Verbesserung der Lage unserer Arbeiter durch internationale Verständigung der an der Beherrschung des Weltmarktes beteiligten Länder, wenn nicht zu überwinden, so doch abzuschwächen". Den Delegierten, die im März zusammentraten, wurde ein umfassendes Arbeitsprogramm vorgelegt; es betraf die Regelung der Arbeit in Bergwerken, der Sonntagsarbeit, ihrer Ausnahmen in kontinuierlichen Betrieben; der Arbeit junger Leute bis zu 16 Jahren — unter Umständen auch Ausdehnung des Schutzes bis 18 Jahre —; der Arbeit der Frauen — Verbot der Nachtarbeit, 11stündiger Höchstarbeitstag, Ausschluß aus gefährlichen Betrieben —, endlich die Ausführung der zu vereinbarenden Vorschriften. Die Unterlagen der Beratungen bildeten Übersichten der geltenden Gesetzgebung. Über die Wirksamkeit dieser Gesetzgebung lagen nur aus England, Dänemark, Frankreich, der Schweiz, dem Deutschen Reiche und Oesterreich Berichte der Aufsichtsbeamten vor. Außerhalb Englands und der Schweiz befand sich die Gewerbeaufsicht auch in diesen Ländern in den Anfängen; eine ständige amtliche Arbeitsstatistik besaß nur England seit 1886.

Diesen Mangel an vollgültig beglaubigten Erfahrungstatsachen konnte die Sachkenntnis der mit dem industriellen Leben Vertrauten um so weniger wett machen, als ja die vor 25 Jahren herrschende Meinung namentlich in den lateinischen Ländern, in Skandinavien und anderwärts jedem Eingriff der Staatsgewalt in den Arbeitsvertrag abgeneigt war. Die Gewerkvereinsbewegung, vielfach in ihren Kampfjahren aus politischen Gründen niedergehalten, kam damals kaum in Betracht. Der Kontrast zwischen ihrer Bedeutung einst und jetzt ergibt sich schon aus der bloßen Ziffer ihres Mitgliederstandes: es gab um 1890 in den europäischen und amerikanischen Industriestaaten kaum 3 Millionen organisierte Arbeiter; heute sind ihrer fast 12 Millionen. Deutschland, England, Amerika stehen an der Spitze; 1890 lautete die Reihenfolge: England, Amerika, Deutschland.

Dem Zusammenwirken einer Fülle ungünstiger Momente — der Unkenntnis der Tatsachen, der Überfülle des Programms, der doktrinären Voreingenommenheit der herrschenden Politiker, der Schwäche der Gewerkvereine — ist also in erster Reihe das Scheitern des Versuches zuzuschreiben, im Jahre 1890 international verbindliche Vorschriften zu erzielen. Dazu kam in Deutschland der Widerwille des leitenden Staatsmannes gegen jede Einschränkung der freien Disposition über die Arbeitszeit des Unternehmers. Sein Grundgedanke war, die Arbeiter der deutschen Industrie gegen Krankheit, Invalidität, Alter, wie Soldaten eines Kriegsheeres zu versichern. Einmal versichert, sollten sie den Führern der Industrie im Wettbewerbe mit den Konkurrenten des Auslandes lautlos gehorchen.

Die Geschichte hat anders entschieden. Die Lex Berlepsch führt 1891 in Deutschland erhöhten Frauenschutz ein; dasselbe geschieht noch unter dem Eindruck der Berliner Konferenz in Frankreich 1892, das gleichzeitig die Grenze des geschützten Alters der männlichen Arbeiter auf 18 Jahre erhöht und 1900 durch die Lex Millerand den Zehnstundentag einführt. In der Schweiz waren unter Fridolin Schulers Amtsführung die Klagen der Industriellen über das Fabrikgesetz verstummt; England erhöht das Zulassungsalter zur Fabrikarbeit 1891 auf 11 Jahre; Portugal und Norwegen erlassen 1891 und 1892 ihre ersten Schutzgesetze. Dagegen stocken die Versuche der Kürzung der Arbeitszeit der erwachsenen Frauen und Männer, stockt nahezu vollständig der Kampf gegen die verheerenden Wirkungen von Phosphor und Bleiverbindungen außerhalb Deutschlands und Frankreichs während eines Jahrzehntes, in das die Entwicklung der Riesenbetriebe, der Industrieverbände und das Auflodern meist ergebnisloser Arbeitseinstellungen fällt.

An den Sozialreformern, die angesichts dieser Sachlage eine internationale Vereinigung für gesetzlichen Arbeiterschutz zu gründen beschlossen hatten, waren die Lehren der Berliner Konferenz nicht fruchtlos vorübergegangen. Sie waren sich darüber klar, daß nur gründliche Untersuchungen jeder Einzelfrage, über die internationale Vorschriften anzustreben waren, zum Erfolge führen würden, und daß nur spruchreife Fragen Stück für Stück der Lösung zuzuführen seien. Nicht nur die Kenntnis der Gesetze, sondern vor allem die ihrer Wirksamkeit konnte klärend und daher einigend wirken.

Der Wunsch der Einführung des Höchstarbeitstages von 10 Stunden begegnete vor 12 Jahren dem einmütigen Widerspruche der Textilindustriellen der mitteleuropäischen Länder, die darauf hinwiesen, daß sie durch die gesetzlich gestattete Nachtarbeit der Frauen in Belgien und Italien so stark benachteiligt seien, daß nur ein internationaler Ausgleich die Schwierigkeiten beseitigen könnte. Die Internationale Vereinigung griff diesen Vorschlag auf; ein internationales Verbot der Nachtarbeit der Frauen, das in der Mehrzahl der Länder, aber in verschiedenem Umfang bereits bestand, sollte den ersten Gegenstand der Abmachungen bilden.

Das zweite Objekt internationaler Behandlung bot die Verwendung des giftigen Phosphors in der Zündholzindustrie; die Beseitigung der Nekrose der Zündholzarbeiter war in Finland, Dänemark, der Schweiz und in Frankreich durch Phosphorverbote gelungen. Diese Länder waren jedoch nicht Exportländer wie Schweden, Oesterreich, Italien, England. Es galt durch internationalen Vertrag auch diese Länder für die technisch erprobte Reform zu gewinnen. In beiden Fällen war durch genaue Beschreibung der Erfahrungen der Verbotsländer allen Regierungen die Handhabe zur Reform zu bieten.

Dieser rein wissenschaftlichen Seite ihrer Tätigkeit ließ die Internationale Vereinigung für gesetzlichen Arbeiterschutz eine politische folgen: sie faßte auf grund ihrer Vorstudien Beschlüsse und sorgte für ihre Durchführung. Das Zusammenwirken von Regierungsvertretern, Männern der Wissenschaft, Staatsmännern, Arbeitern und Industriellen bei der Fassung dieser Beschlüsse gab ihnen eine Tragweite, die diejenige bloßer Interessenvertretungen erheblich überragte. Neben der äußeren Gunst der Umstände darf wohl diesen neuen Arbeitsmethoden ein bedeutender Anteil an dem Abschlusse der ersten internationalen Arbeiterschutzverträge vom 26. September 1906 zugesprochen werden.

Die beiden Berner Übereinkommen vom 26. September 1906 haben, wie jedes Experiment, neben den beabsichtigten Ergebnissen neue Probleme zu Tage gefördert. Gesetzliche Verbote der Verwendung des weißen Phosphors bei der Herstellung, dem Verkauf, der Ein- und Ausfuhr solcher Zündhölzer waren noch vor dem Vertragsabschlusse von Deutschland und den Niederlanden erlassen worden. Die technisch und finanziell rückständigen Betriebe anderer Länder machten alle Anstrengungen, um ein internationales Verbot von dem Beitritt Japans, des Hauptkonkurrenten auf dem indischen und chinesischen Markte, abhängig zu machen. War es doch bekannt, daß die junge japanische Kleinindustrie hierzu ihre Zustimmung versagen werde, Als die Absage Japans eintraf, konnte indessen an dieser im Vorvertrage von 1905 stipulierten Bedingung nicht mehr festgehalten werden; im endgültigen Vertrage von 1906 ließ man sie fallen. Den ursprünglichen Unterzeichnern des Übereinkommens — Deutschland, Dänemark, Frankreich, Italien, Luxemburg, den Niederlanden, der Schweiz — traten sodann Spanien, Großbritannien mit seinen Kronkolonien, sowie Südafrika und Neuseeland, ferner Niederländisch-Indien bei. In Großbritannien war durch neue Phosphorvergiftungsfälle der Glaube an die Zulänglichkeit der bestehenden Schutzvorschriften erschüttert worden; in und außerhalb des Parlaments wurde jedes dieser Vorkommnisse von der britischen Sektion der Internationalen Vereinigung unter die Lupe genommen; endlich bewog das Sinken des Absatzes giftiger Zündhölzer und die schärfere Handhabung der Schutzvorschriften die größten Erzeuger selbst, bei der britischen Regierung um den Erlaß eines Weißphosphorverbots vorstellig zu werden. Selbständige Verbote ergingen sodann 1908 im australischen Staatenbunde; die Verfassung ermächtigt hier die Bundesregierung nur Ein- und Ausfuhr, nicht die den Einzelstaaten unterstehende Herstellung zu untersagen; in Oesterreich (1909), in Ungarn (1911) führten solche Verbote zu einer noch nicht abgeschlossenen Hilfsaktion des Staates für die Industrie; in den Vereinigten Staaten von Amerika konnte aus verfassungsrechtlichen Gründen

	bis 9 Std.	bis 10 Std.	über 10 Std.
1895	2,0	34	66
1901	3,3	46	54
1911	8,2	65	35

In Österreich ist gleichfalls der Elfstundenbetrieb in die Minderheit geraten: von je 100 geschützten Arbeitern arbeiteten:

	bis 9 Std.	bis 10 Std.	über 10 Std.
1899	4,1	34	66
1906	9,2	53	47

Im italienischen Industriegebiete ist nach den letzten Inspektionsberichten (Kreis Mailand und Brescia) von 1909 die Verteilung der Arbeitszeit die folgende

bis 9 Std.	bis 10 Std.	über 10 Std.
5,5%	43%	57%

In den Niederlanden näherte sich vor der Inkraftsetzung des Zehnstundengesetzes von 1911 der faktische dem gesetzlich zu normierenden Zustande weit langsamer. Von je 100 geschützten Arbeitern (unter 16 jährigen und Frauen) arbeiteten

	bis 10 Std.	über 10 (bis 11) Std.
1895	41	59
1899	46	54
1908	47	53

Den Einfluß der Wirksamkeit wie des Fehlens der Organisationen auf die Gestaltung der Arbeitszeit verfolgt man am besten, wenn man die Ziffern für England und Dänemark denjenigen für Belgien gegenüberstellt. Von 7 Millionen Arbeitern der geschützten Betriebe Englands sind 3 Millionen, von 180 000 Industriearbeitern Dänemarks sind 128 000 organisiert; für Belgien darf man für 1910 190 000 Organisierte unter den auf rund 1 267 000 zu errechnenden Industriearbeitern annehmen; es sind also hier wenig über ein Siebentel gegen drei Siebentel in England und fast fünf Siebentel in Dänemark organisiert. In diesem Lichte sind folgende Ziffern zunächst in den zwei Ländern, die die Arbeitsdauer erwachsener Frauen nicht eingeschränkt haben, zu betrachten: von je 100 Industriearbeitern arbeiteten

	bis 9 Std.	bis 10 Std.	über 10 Std.
in Dänemark (1906)	**11,1**	91	9
Davon:			
Textilarbeiter	7	83	17
Metallarbeiter	16	94	6

	bis 9 Std.	bis 10 Std.	über 10 Std.
in Belgien (1896)	**11,3**	**43**	**57**
Davon:			
Textilarbeiter (1901)	2	9	91
Metallarbeiter (1903)	3	53	47
Hievon unter 16 jähr.	1	52	48

Die Ziffern sind also auch in Belgien für die besser organisierten Metallarbeiter günstiger; sie sind hier wieder etwas ungünstiger für die Jugendlichen, die doch das Gesetz schützt, als für die organisierten Erwachsenen! Aber weit günstiger als selbst die dänischen Ziffern sind jene Großbritanniens, des Landes, das für Frauen und Jugendliche durch Gesetz im Wochendurchschnitt 10, in der Textilindustrie $9^1/_4$ Stunden als Maxima eingeführt hat. Hier arbeiteten (1906) von je 100 Arbeitern

	bis $9^1/_4$ Std.	bis 10 Std.	über 10 Std.
in der Textilindustrie	92,9	99,3	0,7
in der Metallindustrie	51,2	99	1

Hier ist faktisch in einzelnen Großindustrien bereits der Neunstundentag im Wochendurchschnitt in Übung. Wo also das Zusammenwirken von Gesetzgebung und Organisation ein Optimum erreicht, ist die Kürzung der Arbeitszeit im raschesten Tempo vor sich gegangen.

Sieht man von den extremsten Fällen ab, so ist in der Tat in den Ländern des offiziellen Elf- und Zwölfstundentages der Zehnstundentag die faktisch vorherrschende Arbeitsdauer[1]). Was

[1]) Aus der folgenden Aufstellung geht der Reifegrad der Länder für den Zehnstundentag hervor. Berücksichtigt sind solche Länder, aus denen bis 1912 ausreichende Angaben über die Arbeitszeit in Betrieben mit mehr als 10 Arbeitern oder in allen Betrieben vorliegen. Für je 100 Arbeiter betrug demnach die Arbeitsdauer in nichtkontinuierlichen Betrieben zehn oder weniger Stunden:

Deutsches Reich	100	Österreich (1906)	53
Frankreich	100	Italien (1909)	43
Großbritannien (1906)	100	Belgien (1896)	43
Niederlande (1909)	100	Massachusetts (1909)	99
Dänemark (1906)	91	New York (1911)	96
Schweden (1910)	77	Ohio (1911)	93
Rußland (Textilfabriken) (1907)	76	Illinois (1911)	92
Schweiz (1911)	65	Pennsylvania (1911)	89
Ungarn (1900)	60		

Für Spanien und Portugal, Norwegen und den Balkan fehlen die Angaben. Kurz bevor Deutschland zum gesetzlichen Zehnstundentage überging, betrug die Quote der bereits im Zehnstundenbetriebe befindlichen Arbeiter 43, in den Niederlanden 47 Proz. Die längsten Arbeitsstunden besitzen Ostindien und Japan.

bedeutet nun dieser internationale Synchronismus der tatsächlichen Arbeitszeit?

Die zur industriellen Anlage bestimmten Kapitalien erfahren ihre Verwertung in einer Periode, die in zwei Zeitstrecken zerfällt, in die Phase des Produktionsprozesses und in die Phase der Distributionsvorgänge. Die erste dieser Wegstrecken, die Werkzeit, ergibt, auf das Arbeitsjahr umgelegt, noch zumeist 10 Stunden als Tagesquotienten. Je länger die der Werkzeit folgende Zeitstrecke der Verwertungsperiode der Kapitalien, je länger die Dauer der Zwischenhandelsvorgänge, desto kürzer wird relativ der auf die Werkzeit der Produktionsprozesse entfallende Zeitraum, desto größer daher bei gleicher Technik der Tagesquotient Arbeitszeit, desto größer der relative Kapital- und Kreditbedarf und desto höher die Sätze von Zins, Gefahrprämie und Kapitalgewinn. Daher die Erscheinung des Sinkens der Arbeitszeit von Osten nach Westen und der Wanderung der disponiblen Kapitalien von Westen nach Osten.

Für die Annahme, daß in Westeuropa die Voraussetzung der gleichen proportionalen Verteilung der Anlagekapitalien zutrifft, spricht die Tatsache, daß hier die Verteilung der kleineren und größeren Anlagen der kapitalwirtschaftlich betriebenen Industrie fast die gleiche ist[1]). Alle Wahrscheinlichkeit spricht dafür, daß wie hier, auch in den Agrarstaaten des Ostens und Südens Europas mit ihrer Handelsplethora gerade die Arbeiterschutzgesetzgebung und die Gewerkschaftsbewegung zu rascherem Umschlag der Kapitalien führen wird. Dadurch wird die Verwertungsperiode gekürzt und daher der jeweilige Quotient der Tagesarbeitsdauer durch immer kürzere Perioden als „gesellschaftlich notwendige" Werkzeit zu betrachten sein. Die Wirtschaftskultur des Ostens wird so rascher verwestlicht. Andererseits erheischt und ermöglicht die intensivere Ausnützung der Werkzeit, die sich namentlich in der Zunahme der Schichtarbeit in einer

[1]) Von je hundert Betrieben mit mehr als 5 beschäftigten Personen entfielen auf solche mit . . . Personen:

	6—10	11—20	21—50	51—100	über 100
im Deutschen Reiche (1907)	45	23	19	7	6
in Österreich (1902)	53	21	14	6	6
in Frankreich (1906)	47	25	16	6	6
in der Schweiz (1905)	42	26	18	8	6

Vergl. auch Bulletin de l'Office du Travail, Paris, t. XVIII, 1911, S. 998.

Reihe von Industrien kundgibt, eine steigende Ökonomie der menschlichen Arbeitskraft. Die oben angeführten Ziffern lassen gegenwärtig erkennen, daß in Europa — und dasselbe gilt von Amerika — nationale Gesetze, die eine höhere als eine zehnstündige Arbeitszeit zulassen, wirtschaftlich und sozial als Arbeiterschutzgesetze zu wirken aufgehört haben.

Diese „normale" Arbeitszeit wird von Mahlzeitpausen und von Ruhestunden unterbrochen; sie wird zeitweilig aus Rücksicht auf Störungen in Einzelbetrieben oder bei unvorhersehbarem Bedarfe durch Überstunden verlängert. Die Gesetze Europas schreiben eine von 1 bis 2 Stunden schwankende Gesamtdauer der Pausen vor. Ihre Dauer und Zahl steigt in der Regel aus Gründen der Arbeitshygiene mit der Länge der normalen Arbeitszeit und der Überzeit; sie hängt ferner mit lokalen und beruflichen Lebensgewohnheiten zusammen. Eine internationale Fixierung der Pausen ist daher nicht am Platze. Wohl aber sollte die Gewährung „angemessener Pausen" nicht in das Belieben der Einzelunternehmer gestellt werden, wie dies bisher (1912) in Schweden allein der Fall ist, da eine Kontrolle der Arbeitsdauer andernfalls ungemein erschwert und ungesetzliche Pausenarbeit der im Stücklohn arbeitenden Frauen, namentlich in der Textil- und Holzindustrie begünstigt würde. Die totale Mindestdauer der Pausen ist gesetzlich ausdrücklich festzustellen.

Dasselbe gilt in erhöhtem Maße von der Überzeit. Es ist klar, daß gesetzlich unbeschränkte Überzeit zur völligen Beseitigung der gesetzlichen „Maximalarbeitszeit" führen kann. Wie steht es nun mit ihrer Normierung in den Ländern des Zehn- und Elfstundentages? In England verbietet das Fabrik- und Werkstättengesetz die Erteilung von Überzeit an Frauen und Jugendliche unter 18 Jahren in Textilfabriken. In anderen als Textilbetrieben beträgt das Überzeitmaximum 60 Überstunden im Jahre. Diese Überstunden dürfen an nicht mehr als 3 Tagen jeder Woche absolviert werden. In Frankreich besteht für bestimmte Saison- und die leicht verderbliche Rohstoffe verarbeitenden Industrien ein Maximum von 120 Stunden (2 Stunden an 60 Tagen). In Deutschland verbietet die Gewerbeordnung die Erteilung von Überstunden an Jugendliche unter 16 Jahren in allen Industrien und gestattet Frauen durch 80 Stunden im Jahre Überzeit arbeiten zu lassen. Österreich und die Schweiz haben den Elfstundentag für Männer wie für Frauen festgelegt. In Österreich besteht für beide Kategorien ein Überstundenmaximum von 180 Stunden im Jahre. Die Schweiz besitzt keine solche Schranke, sondern überläßt ihre Erteilung dem Zusammenwirken der eidgenössischen und der kantonalen Verwaltungen.

Die Statistik der faktischen Überzeit beweist jedoch, daß die gesetzlichen Schranken nirgends voll ausgenützt werden. In Deutschland betrug die Zahl der Überstunden per Überzeitarbeiterin in den letzten 5 Jahren nicht 80, sondern 13 bis 15 Stunden; in Österreich nicht 180, sondern 57 bis 62 Stunden. Also auch hier kein Einklang mehr zwischen Gesetz und industriellem Bedürfnis.

Nun hat bereits der Vertrag von 1906 eine Kürzung der 11stündigen Nachtruhe der Frauen auf 10 Stunden in Saisonindustrien an 60 Tagen vorgesehen. Dieser Bestimmung sowie dem englischen Gesetz über Nichttextilfabriken entspricht es, ein internationales Minimum der Überzeit von 60 Stunden im Jahre aufzustellen, sobald die folgenden Fälle eintreten:

a) im Falle einer nicht vorherzusehenden, sich nicht periodisch wiederholenden Betriebsunterbrechung, die auf höhere Gewalt zurückzuführen ist;

b) für die Verarbeitung von Rohstoffen oder die Bearbeitung von Gegenständen, die einem sehr raschen Verderben ausgesetzt sind, wenn es zur Verhütung eines sonst unvermeidlichen Verlustes an diesen Materialien erforderlich ist;

c) in den dem Einflusse der Jahreszeit unterworfenen Industrien (Saisonindustrien), sowie unter außergewöhnlichen Verhältnissen in allen Betrieben.

Die Dauer der vorgesehenen Überstunden darf nicht mehr als je eine Stunde an irgendeinem Tage der Arbeitswoche oder als 2 Stunden an drei einander nicht folgenden Tagen derselben Arbeitswoche und zusammen nicht mehr als 60 Stunden im Kalenderjahre betragen.

Es wäre natürlich ungemein erwünscht, wenn die weitergehenden englischen Vorschriften für Frauen nach Annahme der internationalen Ziffer von der nationalen Gesetzgebung eingeführt würden. Dagegen scheint es nicht angezeigt, einen internationalen Vertrag dieser Belastungsprobe auszusetzen. Lediglich die deutsche

Vorschrift, den Jugendlichen unter 16 Jahren in der Industrie keine Überzeit aufzuerlegen, ist zur Sicherung auch der mit dem Verbote der Nachtarbeit verbundenen Absichten in den Vorschlägen der Internationalen Vereinigung den Konferenzstaaten unterbreitet worden. Diesen Grundsätzen folgen Bestimmungen, die den Beitritt von Kolonialgebieten in tropischen Klimaten ermöglichen sollen. Hier ist die Tagesarbeit nicht selten erschöpfender als Nachtarbeit; daher wird ein Ersatz der durch Nachtarbeit entgangenen Ruhe bei Tage, wie im Vertrage von 1906, gewährt, und die in einigen Kolonien bereits erfolgte wochenweise Regelung der Arbeitszeit von höchstens 60 Stunden verallgemeinert.

Der Abschluß dieses Vertrages würde für alle Länder Europas, mit Ausnahme Englands, Deutschlands, Frankreichs, der Niederlande und Griechenlands, rascher als es bisher die nationale Gesetzgebung und Organisation aus eigener Kraft vermochte, ein notwendiges Novum schaffen. Die in den besprochenen Wünschen der Internationalen Vereinigung für gesetzlichen Arbeiterschuz enthaltenen Bestimmungen berühren nicht die Kürzung der Arbeit an Samstagen und Vorfeiertagen, die eine wahrhafte Wochenruhe erst verbürgt und die in Großbritannien, Deutschland, den Niederlanden, der Schweiz und Griechenland in verschiedenem Ausmaße bereits eingeführt worden ist. Diese Frage hängt mit jener der Sonntagsruhe zusammen; beide zusammen werden wohl in einiger Zeit den Gegenstand eines weiteren Übereinkommens bilden.

III. Die Durchführung der internationalen Arbeiterschutzverträge.

Wie die deutsche Gewerbeordnung ein deutsches Arbeitsrecht, so begründen die Arbeiterschutzverträge ein internationales Bundesarbeitsrecht; die Durchführung der Vorschriften dieses Zweckverbandes besorgen, wie in Deutschland, die Einzelstaaten, denn durch die Annahme der Verträge wird das allstaatliche gleichzeitig einzelstaatliches Recht. Aber auch in Bundesstaaten, wie im Deutschen Reiche und in der Schweiz, wird die Berichterstattung über die Durchführung des Bundesgesetzes einheitlich von einer Zentralstelle geregelt; denn erst durch diese Zusammenfassung wird die Erkenntnis der Gleichmäßigkeit der Durchführung ermöglicht und wohl auch der Wetteifer der Verwaltungen gefördert.

Was hier in den Bundesstaaten als ständige Verwaltungseinrichtung bereits besteht, die einheitliche Berichterstattung und das zu diesem Zwecke herbeigeführte Einvernehmen der Einzelstaatsbehörden, sollte dies nicht gleichfalls die nächste Lösung des Problems bilden, wie die Arbeiterschutzverträge, ohne die Einzelstaatshoheit anzutasten, praktisch durchgeführt werden können?

Die Notwendigkeit einer derartigen Lösung ergab sich aus folgenden Vorgängen. Als im Jahre 1906 die britische Regierung sich entschloß, dem Berner Übereinkommen beizutreten, wurde von ihr der Vorschlag gemacht, nach Analogie der Exekutivkommission der Brüsseler Konvention zur Abschaffung der Zuckerprämien, einen internationalen Ausschuß einzusetzen. Nach der Ablehnung des Vorschlages regte die britische Sektion der Internationalen Vereinigung eine Erhebung über die Methoden der Durchführung der Arbeiterschutzgesetze an. Die Ergebnisse dieser Erhebung sind im „Ersten vergleichenden Berichte über die zur Durchführung des Arbeiterschutzes getroffenen Maßnahmen" vom Internationalen Arbeitsamte im Jahre 1911 niedergelegt worden. In einer Petition an die Staatsregierungen wurde die in diesem Berichte beklagte Ungleichartigkeit der Berichterstattung hervorgehoben. Bisher ist es in der Tat unmöglich, für alle Staaten festzustellen:

1. wie viele Betriebe und Arbeiter geschützt sind;
2. wie viele Betriebe (und mit welcher Arbeiterzahl) inspiziert wurden;
3. wie viele einmalige und wie viele mehrmalige Revisionen (besonders bei Nacht, an Sonntagen usw.) stattfanden;
4. wie viele Zuwiderhandlungen gegen die Arbeiterschutzgesetze stattgefunden haben und verfolgt worden sind, und mit welchem Erfolge;
5. in welchem Maße Arbeiter und Arbeiterverbände auf die Durchführung des Arbeiterschutzes Einfluß nehmen.

Endlich wurde darauf hingewiesen, welche Schwierigkeiten dem Studium der in 15 verschiedenen Sprachen verfaßten Inspektionsberichten bei einem bloßen Austausch der Publikationen erwachsen, und die deutsche, französische oder englische Übersetzung der tabellarischen Nachweise gefordert.

Die britische Regierung hat in den beiden letzten Berichten des Chefinspektors der Fabriken und Werkstätten bereits eine Reihe dieser Wünsche erfüllt. Andere Staaten sprachen den Wunsch aus, es möge eine aus amtlichen Statistikern und den Leitern der Inspektion bestehende internationale Kommission, die von der Internationalen Vereinigung aufgestellten „Grundsätze einer Übereinkunft betreffend die periodische Berichterstattung über die Durchführung der internationalen Arbeiterschutzverträge“ durchberaten, die in manchen Punkten über die ursprünglichen Postulate hinausgehen. Diese amtliche Kommission ist gleichfalls vom schweizerischen Bundesrate einberufen worden.

Fürst Bismarck hat gelegentlich die Unmöglichkeit der Durchführung eines internationalen Arbeiterschutzes mit dem Hinweis auf die Utopie eines Weltinspektors persifliert. An diesen Weltinspektor denkt niemand mehr. Aber es gibt auch keinen deutschen Reichsinspektor, sondern lediglich preußische, bayrische, sächsische usw. Aufsichtsbeamte; dennoch steht in der Durchführung seiner Arbeiterschutzgesetze Deutschland keinem anderen Staate nach. Es genügt hier wie dort, durch eine organisierte Arbeitsgemeinschaft die Verwirklichung der Mindestansprüche an die Durchführung des Arbeiterschutzes in jedem Lande durch dessen eigene Organe zu sichern und ihre Leistungsfähigkeit zu steigern. Jeder Kontrahent ist dann der Weltinspektor aller übrigen. Die Vergleichbarkeit der Berichterstattung anzubahnen bedeutet den ersten Schritt auf diesem Wege. Ihm kann der systematische Ausbau der gesamten Arbeitsstatistik und der Sozialtechnik folgen und dadurch das Vertrauen jedes Landes in die Verwirklichung der Gesetze seiner Nachbarn gesteigert werden.

IV. Wirkungen und Zusammenhänge.

In dem Maße, in dem die internationalen Verträge die Arbeitszeit und die Arbeitsbedingungen der industriell fortgeschrittensten Staaten als internationale Minima festlegen, verstummen die Klagen über unlauteren Wettbewerb auf dem Weltmarkte; das Exportargument — gleichviel ob zutreffend oder geschäftlicher Vorwand — verliert an Boden. Andererseits setzt ein internationales Minimum weiteren nationalen Reformen keine Schranken. Je allgemeiner und kräftiger diese auf Grund der internationalen Verträge einsetzen, desto rascher können sie wieder der Internationalisierung anheimfallen. Die Geschichte des Weißphosphorvertrages hat wohl gezeigt, daß die raschere Annahme der Reformen jenen Ländern und Betrieben zum Vorteil gereicht, die zuerst sich den neuen Anforderungen angepaßt und daher Zeit gewonnen haben, in Technik und Organisation die notwendigen Änderungen zu treffen.

Im allgemeinen wirken, wie uns eine von amerikanischer Seite angeregte Erhebung über die Veränderungen der Geschäftsmoral in der letzten Generation gelehrt hat, die Gesetze über Arbeiterschutz ähnlich wie diejenigen über Verfälschung der Nahrungsmittel in dem Sinne, daß unter ihrem Einfluße eine heilsame Wendung zur Kostenverminderung auf anderen als den bisher beliebten Gebieten der krassen Ausnützung der Arbeiter und Konsumenten im industriellen Leben eingetreten ist. Die Internationalisierung dieser Verkehrssitten kommt nicht nur den Arbeitern, sondern auch der Geschäftswelt zugute. Endlich bedeutet in einem Zeitalter steigender Lebenskosten und sinkender Geburten jede Ökonomie an Arbeitszeit einen Gewinn für die Volksgesundheit. Man würde es kaum wagen, einer Kürzung der Arbeitszeit auf 10 Stunden auch eine erhebliche Wirkung auf die Empfänglichkeit für höhere Lebenswerte zuschreiben zu wollen, wenn nicht gerade das Gedeihen des höheren Arbeiterbildungswesens auf diesen innigen Zusammenhang hinwiese. Das Fortbildungsschulwesen erheischt allerdings die Kürzung der Arbeitszeit der Jugendlichen in weit höherem Maße, als es hier international vorgeschlagen wird. Wer in einer Fabrik 15jährige Knaben Eisenwaren einmagazinieren sieht, muß sich fragen, mit welchem geistigen Rüstzeug ausgestattet sie einst als Erwachsene den Kampf ums Brot aufnehmen werden.

Dies gilt nun aber in ganz verschärftem Maße von der Arbeit der Jugendlichen in der Glut der Glas- und Großeisenbetriebe. Hier teilt der Jugendliche das Geschick des Erwachsenen. Daher knüpft unmittelbar an die Unterdrückung der Nachtarbeit der Jugendlichen die Einführung der Achtstundenschicht der Erwachsenen an. Das Deutsche Reich hat versucht, durch die Bekanntmachung vom 19. Dezember 1908 die Führung von Überschichtenregistern und die Einhaltung von Ruhepausen vorzuschreiben. Dieser Versuch hat bisher versagt. Die deutschen

Aufsichtsbeamten haben nicht nur Fälle von Geheimbücherführung aufgedeckt, sondern erklären müssen, „daß in den Betrieben der Großeisenindustrie die Arbeitszeit infolge ausgedehnter Überarbeit häufig so lange dauert, daß darin eine Gefahr für die Gesundheit dieser Arbeiter erblickt werden muß". Dieselbe Erscheinung tritt in den Vereinigten Staaten zutage. Sind in Deutschland ununterbrochene Arbeitsschichten von 30 bis 36 Stunden nicht selten, so sind in Nordamerika nach amtlichem Bericht „continuous periods of 36, 48 and 60 hours of employment fairly usual at the — furnaces"[1]).

Wer nun dieses Zusammenwirken von Übermenschen- und Niggerkultur nicht als geschichtliche Notwendigkeit empfindet, wird es tröstlich finden, daß sogar das Finanzkomitee des amerikanischen Stahlwerksverbandes im Jahre 1907 die Siebentagsarbeit, die langen Wechselschichten und die zwölfstündige normale Schichtarbeit durch bessere Einteilungen zu ersetzen, beschlossen hat. Dieser Entschluß ist wenigstens teilweise nach dem großen Ausstande in den Bethlehem-Stahlwerken Mitte 1910 in Kraft gesetzt worden. Von 33000 Hochofenleuten erhielten 42,5 vom Hundert eine 24stündige Wochenruhe; die Cambriastahlwerke führten mit Erfolg die Achtstundenschicht ein. Vorbildlich hierfür war die Schichteinteilung in England, wo im Jahre 1906 rund ein Fünftel der Arbeiter der Hochöfen, ein Zehntel in den Eisen- und Stahlwerken und über die Hälfte der Walzwerksarbeiter die Achtstundenschicht genoß. Diese Schichteinteilung hat in den letzten Jahren solche Fortschritte gemacht, daß ohne internationales Vorgehen in zehn Jahren, mit solchem weit rascher der volle Übergang zur Achtstundenschicht sich ermöglichen ließe.

Aus diesen Vorgängen ergibt sich die Erklärung der Beschlüsse der Internationalen Vereinigung für gesetzlichen Arbeiterschutz im geeigneten Zeitpunkte für die Internationalisierung der Achtstundenschicht in den Feuerbetrieben der schweren Industrien

---

[1]) Man kann den Rekord des deutschen Arbeiters, der in 3 Wochen $295\frac{1}{2}$ Arbeitsstunden, darunter zehnmal eine 24stündige Schicht leistet (vgl. auch Wiskott, Die Arbeitszeit in der Großeisenindustrie. Conrads Jahrb. für Nat.-Ök. III. F., 46. Bd., 1913, S. 57), nur mit jenem des amerikanischen Kollegen vergleichen, der in demselben September 26 Doppelschichten absolviert, um sich gut anzuziehen „wie weiße Leute" — er ist ein Neger. (Report on Conditions of Employment in the Iron and Steel Industry in the U. States, 1913, vol. III p. 202).

Vorsorge zu treffen. Die Reform betrifft rund 79000 Arbeiter in England, 280000 in den Vereinigten Staaten, gegen 240000 in Deutschland. Vor dieser so dringenden Aufgabe bedeuten alle Bedenken — die Schwierigkeit der Rekrutierung einer dritten Schicht, die Erhöhung der Lohnkosten um etwa ein Fünftel oder ein Viertel — nur ebensoviele Aufforderungen zur Erforschung ihrer besten Beseitigung.

Die Achstundenschicht ist der „hygienische Arbeitstag" dieser nicht bloß unter Hitze und Anstrengung, sondern auch unter Staub und Ofengasen leidenden Arbeiter. Neben ihnen bedarf eine Reihe von Giftarbeitern der Kürzung der Arbeitszeit, sofern keine Ersatzstoffe oder keine wirksamen Verhütungsmaßregeln geboten werden können. Auf diesem letzteren Gebiete ist die internationale Bekämpfung der Bleivergiftung von besonderer Bedeutung, die auf Veranlassung der Internationalen Vereinigung für gesetzlichen Arbeiterschutz durch Musterverhütungsvorschriften und durch die Empfehlung nationaler Verbote, z. B. der Innenanstriche mit Bleiweiß, in Frankreich und Österreich nennenswerte Erfolge erzielt hat, und auch in der Tonwarenindustrie noch ein weites Aufgabengebiet vorfindet. Der Giftarbeiterschutz hat mit der Entwicklung der chemischen Industrien stets Schritt zu halten; aus der „Liste der gewerblichen Gifte" des Internationalen Arbeitsamtes geht die weite Verzweigung dieses Aufgabenkreises hervor. International gefährdet sind neben den Arbeitern der Giftbetriebe die Arbeiter in unfall- und krankheitsgefährdeten Berufen aller Art (Tunnelarbeiter, Caissonarbeiter, Taucher, Schwammfischer), deren Mortalität es einzuschränken gilt.

Neben diesen so unzulänglich gegen Raubbau geschützten Arbeiterkategorien lagert nun die Masse der ungeschützten Arbeiter der Heimarbeit, der Landwirtschaft, des Handels und Verkehrs. In diesen Berufen hat die durch die „Fabrikgesetze" aus den Großbetrieben verbannte Kinderarbeit ihre Zuflucht gefunden; in der Heimarbeit ist der proletarische Familienbetrieb heimisch, der den stärksten Zwiespalt zwischen Erwerbsarbeit und körperlicher und geistiger Ausbildung im Schoße trägt. Hier mündet aller Arbeiterschutz in die Sicherung gegen Unterentlohnung und Erwerbslosigkeit aus. Ist der Grundsatz des Mindestlohnes in den proletarisierten Berufen Europas gesichert, so ist es möglich, seine Beobachtung durch Verträge auch den auf die Einwanderung angewiesenen Überseestaaten aufzuerlegen.

Der ganze Werdegang des internationalen Arbeiterschutzes zeigt also ein Fortschreiten vom Schutze der Frauen und Jugendlichen zu dem der Erwachsenen einerseits, von der Regelung der vorwiegend in der Textilindustrie Beschäftigten zu den Arbeitern der schweren, gefährlichen und Giftindustrien andererseits. Es kann die Frage auftauchen, ob die gleichen Kriterien der Internationalisierung fortwirkend die Richtlinie des Ausbaues der Arbeiterschutzverträge zu bestimmen haben werden.

Es muß hier kurz auf die Geschichte des Arguments zurückgegriffen werden, die internationale Konkurrenz bilde die Schranke für Kürzungen der Arbeitszeit, aus der seit Adolphe Blanqui, Villermé und Daniel Le Grand (1838) gefolgert wurde: also kann in solchen Fällen durch internationale Vereinbarungen dieses Hindernis bekämpft werden. Aus welchen Konstellationen ist dieses ökonomische Kriterium hervorgegangen?

Am 14. Juni 1816 wurde von Sir Robert Peel ein Mr. George Augustus Lee, Teilhaber der Spinnerei Philips & Lee in Manchester, über die geplante Regelung der Arbeitszeit der Kinder in Textilfabriken vernommen[1]). Die Argumente Lee's gegen diese Regelung sind: ihr Ergebnis wäre erstens die Steigerung der Armenlast infolge der Abnahme der Nachfrage nach geschützter Arbeit, deren Preis steigen würde; sodann erklärt er: Arbeiterschutzgesetze „would give foreign countries in which there are no restrictions, an advantage over our own“ und dies zur Zeit einer Krisis, in der um die Existenz der Industrie unter einer enormen Steuerlast gekämpft wird; sie werden wahrscheinlich eine Auswanderung der Arbeiter und eine Übertragung von Kapital an das Ausland zur Folge haben; ein enormer Teil des Nationaleinkommens steht auf dem Spiele; die Sicherheit dreier Industrien, die mehr als 60 Mill. Pfund Sterling an Jahresertrag liefern, wird gefährdet, von dem nach amtlichen Berichten mehr denn die Hälfte von

[1]) Report of the minutes of evidence taken before the Select Committee on the State of Children employed in the manufactories of the U. K. p. 345. 1816. Das folgende ergänzt unsere Arbeit: Die geschichtlichen Motive des internationalen Arbeiterschutzes, in: Vierteljahrsschrift für Sozial- und Wirtschaftsgeschichte, Bd. I, S. 79—104 (1903) und die treffliche Darstellung bei E. Mahaim, Le Droit international ouvrier, Paris, Larose-Tenin, 1913.

der Nachfrage und natürlich auch von der Konkurrenz des Auslandes abhängt.

Wer sind diese Konkurrenten? Frankreich, das Rheinland, Sachsen, die Schweiz. Dort arbeitet man 14—15 Stunden. Dienstfertig betont dies auch Andrew Ure in seiner Fabrikphilosophie (1836), um seine Auftraggeber gegen den Vorwurf der „weißen Sklaverei", den Heinrich von Gagern gegen sie erhoben hatte, zu schützen. Diese Argumente hielten vor der Erfahrung nicht stand. Schon in der Enquete von 1832[1]) wiesen zwei schottische Spinner darauf hin, daß in Frankreich die Technik um 30 Jahre hinter derjenigen Englands zurückgeblieben, die Produktionskosten um das doppelte höher, der Gang der Maschinen langsamer, die Kohle sechsmal teuerer sei, und daher Garn, das in England 3 s 8 d koste, in Frankreich 5 s 6 d erreiche. Dazu träten in Frankreich der Mangel an Transportmitteln, das trockenere Klima, die stärkere vegetabilische Nahrung der Arbeiter. Die hohen Löhne in Amerika machten andererseits die Verwendung von Kindern unrentabel. Der letzte Arbeiter sei sich darüber klar, „daß auch im nächsten Jahrhundert an eine amerikanische Textilkonkurrenz nicht zu denken sei". Trotzdem rechneten sieben andere Industrielle der Enquete vor, daß England an Amerika, an Bengalen und selbst an China Verluste erleiden würde, wenn die Arbeitszeit der erwachsenen Frauen auf 10 Stunden verkürzt werden sollte. An dem internationalen Kostenargument scheiterte 1833 die Einführung des Zehnstundentages. Der Kampf wurde von einem Industriellen, John Fielden, wieder aufgenommen. Auf Grund seiner Berechnungen gelangt er zum Ergebnis, daß „wir nichts von der internationalen Konkurrenz zu fürchten haben. Es ist der größte Humbug, den man je einem Engländer hat weismachen wollen; wir haben alles von der Konkurrenz unter uns selbst zu fürchten; und wenn wir nicht uns selbst beizeiten einschränken, werden wir bald zur Selbstvernichtung gelangen"[2]). Als dann im Jahre 1841 über die Aufhebung der Maschinenexportverbote verhandelt wurde, erklärte ein Spinner, daß selbst bei gleichen technischen Bedingungen der englische Zweimulespinner mehr leiste als der französische Einmule-

[1]) Report from the Committee on the Bill to regulate the Labour of Children in the Mills and Factories of the United Kingdom, 1832, p. 243.

[2]) The Curse of the Factory System 1836, p. 72.

spinner[1]). Das Zehnstundengesetz von 1847 und der kurz vorher vollzogene Übergang zum Freihandel tragen das alte Argument als generelle Waffe gegen Kürzungen der Arbeitszeit zu Grabe. Es ist heute anerkannt, daß unter dem dreifachen Regime von Freihandel, kürzester gesetzlicher Arbeitszeit, höchster Organisation die auswärtige Konkurrenz an dem Qualitätsmonopol der britischen Textilindustrie nicht zu rütteln vermochte[2]). Ja noch mehr: diese Industrie ist so hochorganisiert, daß die Baumwollwarenfabrikanten im Einvernehmen mit den Arbeitern Lancashire's zu Produktionseinschränkungen schreiten dürfen, wenn durch Preissteigerungen der Baumwollspekulanten die Produktion unrentabel zu werden droht[3]). Daß Appretur, Bleichereien, Färbereien hier wie auf dem Festlande kartelliert sind, entzieht dem Konkurrenzargument in England weiteren Boden. Dagegen hat für bestimmte spezifische Exportindustrien — von ihrer Verwendung als Vorwand des Vulgärprotektionismus ganz abgesehen — die „trade question" noch immer eine gewisse Bedeutung. Weit stärker wird die internationale Konkurrenzfrage seit etwa 40 Jahren auf dem Festlande betont, das ja nun in der Tat ein durch die ungleichmäßigere Verteilung der Standorte von Kohle und Eisen, höhere Transportkosten, jüngere Arbeitskraft, minder bevorzugtes Industriegebiet darstellte.

Indessen tritt auch hier die Bedeutung des Konkurrenzarguments allmählich hinter anderen Kriterien zurück. Denn erstens ist mit der um 50 Jahre zurückliegenden Epoche verglichen, das Schwergewicht der führenden europäischen Industrien von der Textilindustrie in das der Metall- und Maschinenindustrie abgerückt; in Millionen Arbeitern verhalten sich die beiden in Deutschland wie 0,9:1,4, in England wie 1,3:1,7 (in den Vereinigten Staaten wie 1,4:1,3). Zweitens fällt in

---

[1]) First Report from Select Committee on Exportation of Machinery 1841 (201), p. 27 qu. 311.

[2]) „The spinning and doubling of finest counts require large experience and excessive care, and it can be only successfully carried on where the workpeople are skilful and highly trained. It is doubtless for this reason, coupled with the climatic advantages of Great Britain, that this branch of the cotton trade has not suffered appreciably from foreign competition." Aus dem Prospekt der Fine Cotton Spinners' and Doublers' Association zitiert von Hermann Levy, Monopoly and Competition, 1911, S. 250.

[3]) „The finest achievement of industrial co-operation that the world can show." G. B. Dibblee, The laws of supply and demand. 1912. S. 153.

diesen Zeitraum gerade für diese Schwerindustrien die stärkste Steigerung der Selbstversorgung des europäischen Festlandes. Das Deutsche Reich allein steht heute mit 8 Mill. den 11 Mill. britischen in Bergbau und Industrie verwendeten Pferdestärken gegenüber: ein vorwiegend durch die Schwerindustrien hervorgerufener Riesenbedarf an Kraft. Was nun die Industrien der Fertigfabrikate betrifft, so hält es schwer, noch von „nationalen" Produkten zu sprechen, wenn man die Fülle der aus dem Auslande bezogenen Rohstoffe, die fertigen Bestandteile, Hilfsstoffe, dann Produktions- und Beleuchtungsmittel, dann die Fülle der im Auslande montierten, veredelten oder lediglich mit der nationalen Marke versehenen Mode- und Luxuswaren betrachtet. Die Entwicklung der Weltindustrien führt von der bloßen Produktionsteilung — Rohstoffzufuhr aus dem Auslande, Verarbeitung im Inlande — in steigendem Maße zur internationalen Zerlegung eben dieser Verarbeitung selbst. Eine rein nationale Verarbeitungsindustrie existiert kaum mehr. Die kokettesten Weihnachtsbonbonnieren werden in Paris nur montiert — alle Bestandteile werden aus der deutschen und österreichischen Heimindustrie bezogen. Die feinsten, teuersten „echt englischen" Briefpapiere bezieht der englische „Konfektionär" aus Berlin. Dasselbe gilt von Dampfmaschinen, Automobilen usw. Nur die bodenständigen Industrien würden dieser Regel entgehen — vor allem Landwirtschaft, Ziegeleien, Baugewerbe, Hüttenwesen und Bergbau —, wenn diese nicht gerade durch den Mangel an heimischer Arbeitskraft immer gewaltigere Anleihen aus den Menschenreservoiren des Auslandes zu machen hätten. Der moderne Prozeß der Internationalisierung der Produktion wird nicht nur, wie im Refugiantenzeitalter, durch die Wanderbewegung der Kapitalisten hervorgerufen; er ist nicht nur kapitalistischer Kolonisationsvorgang, der mit der Gründung neuer nationaler Industrien seinen Abschluß findet. Er begründet — und dies ist der wesentliche Unterschied — dauernde Ausstrahlungen der heimischen Produktion und ständige Wanderbewegungen der Arbeit über die Landesgrenzen. Der durch die Steigerung der Produktion in der Hochkonjunktur entstehende Arbeitermangel in Westeuropa und Amerika führt zu jenem Exodus von Süd- und Osteuropäern, der zur Steigerung der Spezialisierung auch dieser letzteren und daher zu seiner Perpetuierung führt. Es ist unmöglich, ihn einzudämmen oder rückgängig zu machen[1]). Wohl aber ist es möglich und notwendig, Versuchen der Untergrabung der Volksgesundheit der nationalen Bevölkerung einerseits, der Ausnützung der Zuwanderer andererseits im Interesse ihres Heimatlandes Einhalt zu gebieten. Daß es an Versuchen nicht fehlt, durch ausländischen Zuzug einen Druck auf die Arbeitsbedingungen der nationalen Bevölkerung auszuüben, unterliegt keinem Zweifel[2]).

[1]) „Schon zu wiederholten Malen ist in der Schweiz versucht worden, Maurerschulen zu errichten, um unsere Landsleute in diesem Berufe zu tüchtigen Arbeitern heranzubilden, aber leider blieben die Versuche erfolglos, und statt den italienischen Maurer zu ersetzen, zieht es der schweizerische Arbeiter vor, dem Italiener als Handlanger zu dienen.“ Ergebnisse der eidgenössischen (schweizerischen) Betriebszählung vom 9. August 1895 Bd. 3 S. 96 (1911). In den schweizerischen Spinnereien stieg im letzten Jahrzehnt die Quote der Fremden von 11,9 auf 23,4, in den Webfabriken von 7,1 auf 12,3 v. Hundert. „In den Webereien sind die hygienischen Verhältnisse der Arbeit und der Verdienst besser als in den Spinnereien. Darum offenbar haben sich die Einheimischen aus letzteren in stärkerem Maße zurückgezogen und die Arbeitsplätze den Ausländern überlassen.“ Schweizer. Fabrikstatistik vom 5. Juni 1911, S. XX, Bern 1912. Eine lebendige Charakteristik der industriellen Eigenart der italienischen und polnischen Wanderarbeit enthält der badische Inspektionsbericht von 1911 (Jahresberichte der Gewerbe-Aufsichtsbeamten, Berlin 1912, Bd. II, 5 (7—9). Zu erinnern ist, daß in der Industrie der Steine und Erden ein Fünftel der männlichen Lohnarbeiter im Deutschen Reiche im Auslande geboren war, 8,6 v. H. im Bergbau und Hüttenwesen, 8,11 in der Landwirtschaft, 7,8 im Baugewerbe, 5,6 in der Textilindustrie. In Frankreich (1906): 7,1 v. H. Ausländer im Bergbau, 20,69 in der Schwereisenindustrie, 11,95 im Baugewerbe, 10,03 in der Textilindustrie.

[2]) Ein Beispiel: der Aufsichtsbeamte für Liegnitz berichtet: „Nachtarbeit wird lediglich wegen wirtschaftlicher Vorteile in zwei Kunstwollefabriken in Sagan und Grünberg vorgenommen, die seinerzeit von eingewanderten Ausländern aus Mähren und England gegründet worden sind. Diesem üblen Beispiel ist aus Gründen des Wettbewerbes eine zweite Grünberger Kunstwollefabrik neuerdings gefolgt. Da die heimische Bevölkerung Nachtarbeit scheut, ist es der Saganer Firma nur durch Zuzug aus Mähren möglich geworden, die Nachtarbeit in dem derzeitigen Umfang aufrechtzuerhalten. Da die regelmäßige Nachtarbeit, wo nur immer es technisch angängig ist, als böser Feind des Arbeiterschutzes unterbleiben sollte, ist durch den Gewerbeinspektor veranlaßt worden, daß wenigstens alle Arbeiter, die das 18. Lebensjahr noch nicht erreicht haben, aus den fraglichen Kunstwollefabriken auf Grund des § 120c der GO. entfernt worden sind. Die Entfernung dieser Arbeiter aus der Nachtschicht ist überall dort erstrebenswert, wo dies mit Rücksicht auf die Natur des Betriebes möglich ist. In einer der Kunstwollefabriken ist daher die Nachtarbeit der Arbeiter unter 18 Jahren bereits seit längeren Jahren abgeschafft worden.“ Jahresberichte der Gewerbe-Aufsichtsbeamten und Bergbehörden für das Jahr 1911. Bd. I, Preußen, Berlin 1912, S. I, 182. Auf die Abneigung der nordfranzösischen Arbeiter, ihre Kinder den Berufsgefahren und der Nachtarbeit in der Glasindustrie auszusetzen, geht die schwunghafte Einfuhr und der Handel mit italienischen und spanischen Kindern zurück.

Was geht daraus hervor? Daß die Erhaltung der Teilarbeitskräfte der ganzen Welt im Interesse eines jeden ihrer Teile liegt; daß neben den merkantilistischen Expansionstrieb das sozialindustrielle Interesse an der Erhaltung der Leistungsfähigkeit der Arbeiter der ganzen Welt zu treten im Begriffe steht. Ihr mögt euch heute totschießen und aushungern; morgen müßt ihr doch euch zu solcher gegenseitigen Dauerleistung verbünden, die allein den höchsten nationalen Ertrag verbürgt; und das könnt ihr nicht ohne die andern; denn ihr wollt nicht darben — o, nicht einmal ein bißchen bescheidener leben. Und darum habt ihr, da die Industrie in ihrem Wachstum und in ihrem innern Aufbau die nationalen Schranken durchbrochen hat, mehr denn je dafür zu sorgen, daß eure Arbeiter, die Arbeiter der Welt, keinen lokalen Sondergelüsten zum Opfer fallen. Euere Nationalinteressen haben sich zum Welteigennutz verkettet. Ihn habt ihr durch Verträge zu besiegeln.

GPSR Compliance

The European Union's (EU) General Product Safety Regulation (GPSR) is a set of rules that requires consumer products to be safe and our obligations to ensure this.

If you have any concerns about our products, you can contact us on ProductSafety@springernature.com

In case Publisher is established outside the EU, the EU authorized representative is:

Springer Nature Customer Service Center GmbH
Europaplatz 3
69115 Heidelberg, Germany

Batch number: 10844675

Printed by Printforce, the Netherlands